문학공원 시선 265

새 한 마리 날아오르다

김영수 제4시집

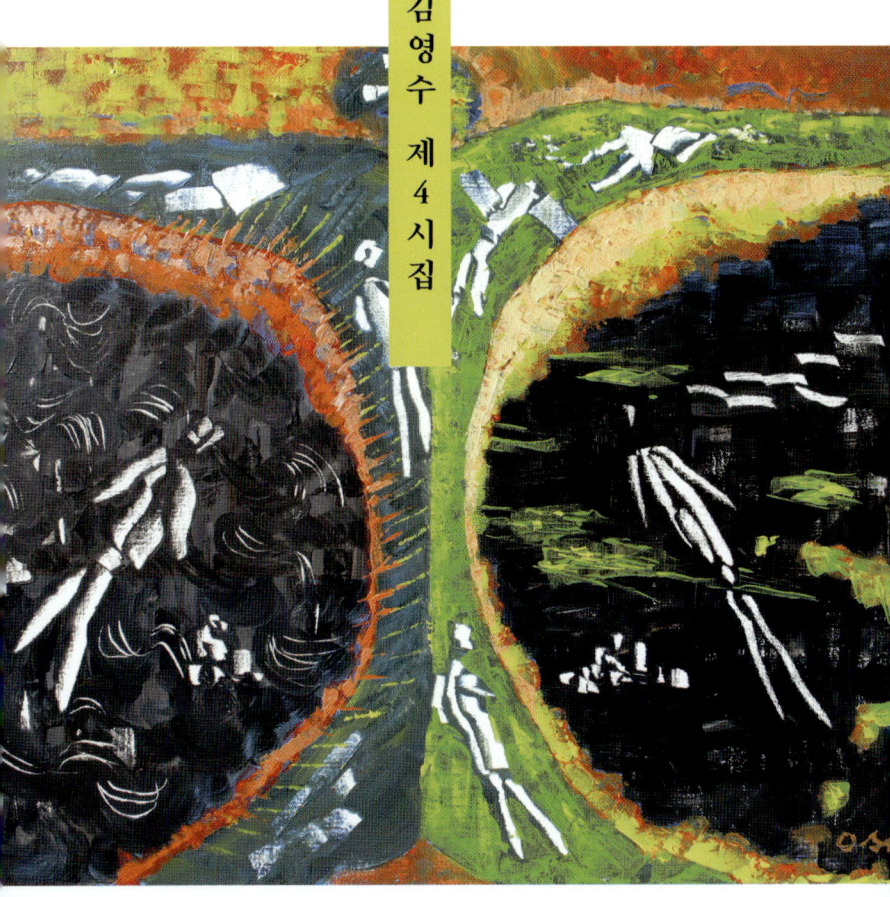

문학공원

▲ 표지화 : 김영수 작, '이곳에서 저곳으로' Acrylic on canvas, 73 x 60cm, 2024

한 영혼이 차마 떠나지 못하고 머뭇거립니다
그러다 결국 서서히 떠납니다
남은 영혼이 뒤따라 가려 뒤척이다
벽에 막혀 가질 못합니다

▲ 김영수 작, '슬픔은 강물되어 흐르고' Acrylic on canvas, 73 x 60cm, 2024

그려놓았던 그림을 다 지우고
흔적을 다시 찾아 파내었습니다
나도 모르게 강물처럼
영이 흘러내렸습니다

▲ 김영수 작, '슬픔의 바다' Acrylic on canvas, 73 x 60cm, 2024

바다를 보았습니다
떠난 님이 걸어간 발자국을 보았습니다
흘리며 떠난 눈물이 보였습니다
아니, 내 눈물이 바다를 이루었습니다

▲ 김영수 작, '슬픔의 빛' Acrylic on canvas, 73 x 60cm, 2024

    제주도 서귀포 송악산 절벽
    바위틈에서
    떠난 이가 남긴
    빛을 보았습니다

▲ 김영수 작, '파도 · 4' Acrylic on canvas, 73 x 60cm, 2024

영이 파도를 타고
멀어져갑니다
왔다가 갑니다
말없이 저곳으로

▲ 김영수 작, '파도 · 5' Acrylic on canvas, 73 x 60cm, 2024

바다도 애통해합니다
그 바다 위를
영이 건넙니다

〈시인의 말〉

네 번째 시집을 내며

가장 소중하였던 두 사람을 지난해 저세상으로 떠나보냈다. 4월에는 60년 가까운 세월 언제나 같이 웃고 울어 온 조강지처를 잃었으며 8월에는 근 40년 가까이 영적으로 소통하던 인생의 동지, 작곡가 황의종을 잃었다. 그저 둘 다 새 한 마리 훌쩍 날아간 듯 흔적도 남김이 없었다. 왔으니 간 것인가? 무엇을 하든 그저 눈물만 흘러나왔다.

나도 모르게 매일 글이 써졌다. 새벽에 일어나면 지난 세월 있었던 이야기, 떠나보낸 후 폭포처럼 찾아오는 감정들을 눈물로 기록하기 시작했다

그림을 그렸다. 그림이 그려진다. 나도 모르게 저절로 색이 칠해지고 의도하지 않던 형상이 내 그림에 나타난다. 영적 교통이 이루어진 모양인지 전혀 내 그림이라 믿어지지 않는 뜻밖의 그림들이 여러 점 그려진 후 희한하게도 눈물이 멈췄다.

나는 내가 쓰고 그린 것들을 세상에 알려야 했다. 그것이 우리가 알지 못하는 저세상의 일을 극히 조금이나마 이 세상에 알리는 일이 될 터이니. 아무도 죽은 후의 기록을 남긴 사람은 없다. 그래서 사람들은 사후 세계를 사실상 모른다. 다만 영이라는 존재가 가끔 교통을 요구한다는 것 말고는. 나는 이 시집이 나의 영적 교통의 기록이라 믿는다.

2025년 4월 아내의 1주기를 즈음하여

김 영 수

차례

1부
이곳에서 저곳으로

하늘과 나	16
하늘이 무너지면	17
인내	18
님은 가시고	19
새 한 마리 날아오르다	21
영실을 오르내리며	22
동행록	24
잎들은 바람에 흩어지고	25
하늘에는 샛별이	26
광야를 달리는 이여	27
휘저어진 시간	28
아직 같이 있어요	29
소식 없는 이여	30
나비가 되었구려	31
그림 하나	32
눈동자	33
민들레	34
대소변을 돌보며	35
욕창	36
부활절 축하 카드를 받고	37
예수의 가르침	38
숟가락 하나면 되는데	39
자화상	40
제주를 떠나며	41

2부
슬픔은 기쁨이 있었기에

작곡가 황의종을 보내며	44
슬픔은 기쁨이 있었기에	45
기쁨과 슬픔은 같이 다닌다	46
약속	47
인연	48
자비	49
수업 중	50
소통	51
관세음보살	52
108번뇌	54
한 뼘의 땅	55
새벽 안개	56
단풍	57
부활의 의미	58
부활절 축하 카드를 받고	59
떠나야 한다	60
놓아주기	61
당랑거철	62
친구 부부가 오다	63
겨울바람	64
억새풀의 노래	65
변화	66
오포 골짜기에서	67
매화꽃 하늘의 별이 되어	68
앞산이 사라졌다	69
무도회	70
푸른 하늘 흰 구름	71

차례

3부
없는 가시가
나를 쿡쿡 찌릅니다

이중섭 시비	74
없는 가시가 나를 쿡쿡 찌릅니다	75
박광익의 그림 앞에서	76
비극의 탄생	77
갈등과 평화	78
지난 세월을 반추하다	79
세태	80
혼돈 속	81
만나고 이별하고	82
겨울이 가까이 찾아와	83

4부
물소리
바람 소리

씨에스 호텔에서 해변을 내려다보다 86
악근천과 바다가 만나는 곳 87
옛 프린스 호텔 정원에서 88
말라버린 저류지에서 89
돈내코 계곡에서 90
먼나무 91
소한 속 피어난 매화 앞에서 92
꽃댕강나무 93
작은 정원에서 큰 것을 보다 94
남보다 먼저 95
산굼부리 오르며 96
바위 옆을 지나며 97
낙엽 내리는 소리 98
기둥 기둥마다 시가 흐른다 99

1부
이곳에서 저곳으로

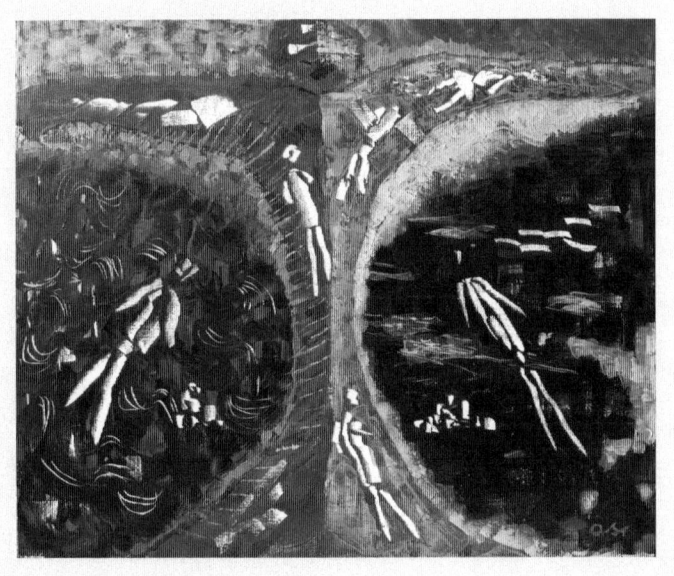

하늘과 나

내가 시집을 내고 세상과 떠드는 동안
내 마나님의 뇌는 줄어들고 있었다
내가 하늘을 보며 사랑을 외우는 동안
내 처의 두 다리는 꼬여 가고 있었다
바람도 춥고 따뜻하기 반복하며 출렁이는데
님의 몸은 지평선 위 기차처럼 멀어만 가네

이제 죽기 살기로 하늘과 싸울 수밖에 없다
야곱처럼 밤이 지나도록 씨름이라도 해야지
하늘의 사자가 사다리 타고 내려올 때까지
돌베개를 세우면서 염원도 해야 하겠지
하늘이여 뜻을 접고 이제 그만 멈추소서

하늘이 무너지면

"그래"
참으로 오랜만에 듣는 소리였다
말을 잃었던 아내의 이 한마디
너무나 반가워 안아주었다

하늘이 무너지고 있을 때
무엇을 할 수 있을까
무너지는 기둥 하나라도 붙들어야지
기둥 하나가 무슨 소용일까만
나는 그래도 붙들어야지 눈물 흘리며
그것이 하늘에 대한 도리이지

인내

세상은 공평하다 했다
하늘도 공평하다 했다
평생 다하지 못한 책무 하나, 인내
매일 반복하며 그 산을 넘어야 하나 보다
하늘이 정해 놓은 定量이 있어
시지프스처럼 처음부터 다시
그 인내의 산을 되풀이하며 넘어야 하나 보다
그래야만 푸르고 높은 하늘이 보이나 보다

님은 가시고

떠나면서도 감질 못하고 열려 있던 눈
깊은 호수같이 투명하던 그 눈동자
말 한마디 못하던 님, 눈으로 얘기하며 갔다
잘 있으라고 이제 편안히 간다고 고맙다고
그 얘기하려고 두 눈을 뜨고 갔나 보다
여보! 그런데 왜 눈물이 나지 자꾸자꾸

나를 떠나는 것이 좋았었나 보다
그러기에 그토록 맑게 웃으며 갔지
그런 줄 알았으면 더 빨리 놓아줄 것을
잘 때도 "여보 잘자!" 하지 말고
깨어서도 "잘 잤어?" 하지 말 것을
숲속을 걸으면서도 "여보 좋지?" 하지 말고
그리고는 좀 더 일찍 가게 해줄 것을
끝없이 스토킹하는 나 때문에 떠나지 못했나 보다

* 처가 세상을 하직했다. 아니 우주로 가는 먼 길을 떠났다. 아침에 침대 위에서 눈을 뜨고 있기에 일으키려 하였으나 도무지 일으킬 수가 없었다. 평소처럼 소변 흔적이 없다. 이상하

다. 어제부터 소변을 잘 보지 않더니 저녁에도 소변이 안 나와 그냥 재웠는데 밤새도록 그냥 지났나 보다. 평소처럼 휠체어에 앉혀 화장실로 이동하려 하였는데 몸이 축 늘어져 기운이 하나도 없었다. 일으켜 세우는데 발로 딛고 일어나지를 못한다. 어찌어찌 변기 위에 앉혔는데 이번에는 목이 축 뒤로 젖혀진다. 혹시 하는 생각에 호흡을 느껴보려고 코 가까이 얼굴을 대었으나 느낌이 없다. 맥을 짚어 보았으나 역시 없는 듯했다. 떠 있던 눈에 동공이 움직이지 않는다. 서둘러 옷을 입히고 119에 전화하여 요원들의 협조를 구했다. 심폐 소생술을 시술하며 의료원 응급실로 갔다. 의사들이 심폐 소생술을 하다가 중간에 나와 "이미 사망하였다."며 "그만하자."고 한다. 더 해 보라고 요청하고 지켜보고 있는데 아침에 있었던 상황을 되짚어 보니 집에서 사망한 것이라 생각되어 그만해야 하겠다는 생각이 들었다. 그만하라 하니 이내 일사천리로 일이 진행되는데 영안실 행이다. 아무도 없는 영안실 앞에 앉아 내가 할 수 있는 일은 자식들에게 알리는 일뿐이었다.

새 한 마리 날아오르다

맑은 눈동자 남기고
새 한 마리 날아올랐다
이곳에서 저곳으로
아무런 흔적도 남기지 않고

사랑했노라고
끝까지 같이 해주어 고맙다고
감지 못한 눈 얘기하며 갔다

때가 되면 저세상이 열린다면서
열렸을 때 가야 하니 울지 말라며
하얀 광채 속 내 님은 그렇게 갔다

* 꿈을 꾸는데 하얀 옷을 입고 맑은 광채에 싸인 처가 보였다.
  저 멀리 한 지점으로 점점 멀어지고 있었다

영실을 오르내리며

 그토록 여러 번 찾아갔으나 오르지 못했던 영실의 윗세오름까지 갔다 봄가을 그리고 하얀 눈 덮인 겨울에도 갔었지만 처가 걷지 못해 매번 등산로 입구에서 돌아서야 했던 그 영실을 오늘 경험한 것이다 세상의 모든 아름다움은 다 이곳에 모여 있구나 싶게 아름다웠다 1,900미터의 높이를 오르며 내려다본 제주의 오름벌, 원시의 이야기를 그대로 간직한 듯한 모습에 빠져들고 오래도록 보고 싶었던 오백 나한상 바위들은 내가 그리고자 하던 그림, 바로 그것이었다 구상나무가 나뭇잎이 둥글어 둥근 모양이라는 뜻의 구상이라 했다는 것을 잎을 보고 이해했고, 죽은 주목들이 별세계를 만들고 있는 넓은 벌도, 살아있는 철쭉의 평원도 보았다 조릿대 벌판과 어울린 철쭉의 평원이 그토록 아름다운지 처음 알았다 무엇보다 놀라고 흥미로웠던 것은 성판악 쪽 등산로에서는 볼 수 없었던 한라산 분화구의 몸체를 목격한 것이다 한라산 남서쪽 방향인 윗세오름에서 내 눈에 들어온 우뚝 치솟은 분화구의 몸체는 마치 수많은 불꽃들이 모여 천제를 지내듯 기도하는 성스러운 모습이었다 "여보! 고마워 나에게 이런 날을 주려고 먼저 간 것이야 같이 보았으면 더 좋았을 것을… 당신은 지금 우주 공간을 날며 더 대단한 광경을 목격하고 있겠지 사진을 여러 장 찍었는데 아무리 생각해도 당신에게 보낼 방법이 없네" 갑자기 눈물이 흐른다 내려오는 길은 슬픔의 길이었다

동행록

새 한 마리 떠나간 곳엔
남겨진 날갯짓 소리

들으려는 자에게만 들리는
우주의 파동이런가

기억하는 이들에게만 들리는
사랑의 기록이던가

흐르는 눈물 내 지우지 않으리
여보 같이 가자

* 아침에 밥을 먹는데 자꾸 눈물이 흐른다. 이러다가는 체하겠다 싶어 자제하려 해도 눈물은 그치지 않고 자꾸 나왔다. "여보 나 밥 먹고 있어" 하며 또 울었다. 자꾸만 사망일 당시 침대에서 보았던 눈망울이 생각난다. 호수처럼 맑았던 그 눈망울이. 그것은 모든 것을 내려놓은, 세상사를 이미 초월한 깨달음과 용서의 눈망울이었다.

잎들은 바람에 흩어지고

대둔산 둘레길 이름하여 은하수길
은하수 닮은 맑은 물이 흐르는 계곡 위
푸른 이끼가 이적이적 기어오른 고목 그루터기
나뭇잎 다 떠난 후 이끼 품어 고이고이
물소리 바람 소리에 흩날리는 기억들
흩어진 단풍잎 몇 개 주워 올려놓은 오선지 위
따사한 바람이 인다
색색의 구름도 인다

하늘에는 샛별이

여보! 하늘에 샛별이 보이네
당신은 지금 거기에 있어
바람도 불고 해는 뜨고 지고
지구는 별이 되어 속삭이겠지
속삭임 속에 내 음성이 들리오
같이 있고 싶다는
여보! 내가 못 가본 우주,
그곳에서 지내는 소식 좀 전해주오

광야를 달리는 이여

빛이 쏟아지는 광야를 뛰어 달리는 이여
그대 나에게 슬퍼하지 말라 말하고 있구려
나도 달리리라 광야를 숲을 그리고 산을
빛이 보이는 그 공간이 찾아질 때까지
붙잡으리라 광야의 그 빛을 내 두 손으로

강물이 되어 빠져나간다 손가락 사이로
파초가 된다 꽃잎이 된다 빠져나간 그 빛이

* 꿈이었다. 들판을 뛰어다니는 세상 떠나간 처를 보았다. "그래 여보! 얼마나 답답했어? 그동안. 이제 마음껏 뛰어다녀…, 고삐 풀린 망아지처럼."

　오전 중에 그림 하나를 그렸다. 슬픔의 비가 강이 되어 흐르는 모습을. 밤에 잠을 자는데 꿈에서 그 그림이 보이고 그림 한편에 네모진 창이 설정되고 그 창에 빛이 쏟아지는 모습이 그려진다. 잠에서 깨어나 생각해보니 창을 하나 그리고 그곳에 꽃을 그리면 좋겠다는 생각을 했다.

휘저어진 시간

금혼의 해를 지나며 회혼식을 예약할 때
한 가지 하늘의 뜻을 묻지 못했더니
휘저어진 시간 우주 공간으로 날아가 버리고
하루 앞을 못 본 불경의 죄, 씻을 길 없다
새들은 노래하고 바람 역시 싱그럽지만
나는 새처럼 노래할 수가 없다
바람 따라 박수 칠 수도 없다
멀리 간 사람은 살아 있고
남아 있는 내가 죽은 듯하다

* 장례를 마치고 나는 제주로 내려왔다. 비행기 속에서 나도 몰래 흐르는 눈물을 어찌할 수 없어 자꾸 손수건으로 닦아 내었더니 스튜어디스가 흥미를 느꼈는지 자꾸 쳐다본다. 떠나간 이의 마지막 그 맑은 눈동자가 생각을 키울 때마다 곧이어 눈물이 난다. 선경에 들어간 사람의 눈망울인지, 깨달음이 극에 달한 이의 그것인지. 하늘에 안긴 평화의 상인지 아무튼 너무나 맑고 맑았다. 집에 와서도 생각만 하면 눈물이 난다. 밖에 나가 서성거렸다. 공원에도 가고 길도 걷고, 들어왔다가 저녁이 되어 다시 나가 공원을 걸었다. 앞으로도 계속 걸어야 할 듯하다. 그래야 무엇인가 미지의 세상이 좀 더 명확히 보일 듯하다.

아직 같이 있어요

떠나갔다고요 멀리 안 보이는 곳으로
아니 더 가까워졌어요 한몸처럼
매 순간 나는 느끼고 있어요
못 걷던 길도 나와 같이 걷고
못 오르던 계단도 이제 같이 오르고 있어요
왜 눈물은 계속 나올까요? 같이 있는데도
고마워서요 살아있을 때보다 더 같이 있어주니까요

* 동백길이라 이름 붙여진 길로 걸어 들어갔다. 입구 한켠에 전망대가 있기에 갔다. 전망대에서는 멀리 바다까지 펼쳐지는 수림대가 장관을 이루고 있었다. 왠지 슬픔이 몰려온다. 갑자기 눈물이 나온다. 신음 소리도 나온다. 크게 울고 싶어졌다.

소식 없는 이여

떠난 후 소식 없는 이여
좋은 곳으로 갔나 보오
우주와 하나가 되었으니
미물인 나와 격이 다르겠지요
그래도 바람결에 소식이나 주오

* 어제 한라산 둘레길 중 동백길을 걸었다. 완주는 못 하였지만, 약 3시간 동안 숲길을 걸었다. 세상의 바위들이 다 모여 있는 것 같은 여러 계곡들에서 졸졸졸 들리는 물소리에 귀 기울이고 거목이 된 소나무 숲도 지나면서 끝 모르게 이어지는 동백나무 숲을 걸었다. 수목들이 훼손된 지역에 자연스럽게 찾아온 동백나무들이라 아직은 키가 작고 어리지만, 그럼에도 '꽃들이 피어 있는 계절이었다면 대단했을 것이다.'라는 생각이 날 정도로 울창한 숲을 이루고 있었다. 나무를 타고 오르는 이끼들을 만져보며 그 부드러움을 그림으로 표현하려면 어찌할까 생각했다. 바위에 피어난 이끼와 석화들은 참 자연스럽게도 아름답다. 나무 표피의 생긴 모습들을 보며 그림 기법을 하나 배운 듯하였다.

  숲길을 걷는 내내 "여보 좋지?"하며 처와 같이 걸었다. 그러다 보니 생전보다 더 가까워진 것 같다. 그리 생각하면서도 웬일인지 눈물은 계속 흐른다.

나비가 되었구려

여보! 화려한 나비가 되었구려
여보 여보! 내 부름이 들리오
'나'라는 족쇄에서 벗어났으니 좋소
훨훨 날아 마음껏 우주를 유영하시오

* 붉은 오름의 정상에서 나는 제주에 온 후, 한 번도 보지 못했던 제비 닮은 까맣고 커다란 나비들의 군무를 보았다. 어머니가 돌아가신 후 집 정원에서 나를 에워싸던 작은 흰나비들의 군무를 경험하고 이제 처가 떠난 후 검은 나비들의 군무를 만난 것이다.

그림 하나

그리다 중단된 채 놓여 있는 그림 하나
님이 떠나던 전날 내가 그리던 그림
생명이 가물가물 저물어 가고 있는 것도 모르고
그리고 또 그리던 그림 이상하게 삭막하다
그림은 영(靈)의 반사경이었나
내가 아닌 영이 그린 것이었나

눈동자

한없이 맑았던 눈동자는 천국의 그것
모든 것을 벗어 던지고 허허롭게 부유하는 이
그 몸이 빚어내는 뿌리 깊은 투명함
떠난다는 것은 빛 세계로의 여행이었나

민들레

푸른 초원 위 노오란 별들의 흔들림
찰나의 왕복 여행 그 속에서
내 삶을 보았다 우주를 스쳐 가는
당신도 그렇게 갔다 우주의 빛이 되어

대소변을 돌보며

대소변을 발견하면 춤이라도 추고 싶다
아니 고맙기까지 하다 살아 있으니
하루 종일 소변 한 방울 내리지 않을 때
타들어 가던 가슴, 그 말라가던 가슴에
매화가 핀다 웃음이 피어난다
여보, 잘했어!

욕창

흐느적거리는 풀숲엔 가을빛 찾아 들고
짙푸른 하늘엔 파도가 그려 놓은 모래 궤적
하루 종일 휠체어 신세
찾아온 욕창도 가을 색이네

부활절 축하 카드를 받고

봄꽃들은 피어나고 새들은 울어대지만
내 마음속 우물에 핀 꽃은 시들어가고
부활절 위로 편지 영원을 얘기하지만
가는 걸음 멈출 길 없으니 애만 끓어오르네

예수의 가르침

어려서부터 들은 것은 예수의 가르침
남의 발을 씻어 주듯 세상을 섬기라 하여
평생을 그리 살았는지 알았는데
한번도 그리 한 적이 없었다는 것을
한 걸음도 제대로 내딛지 못하는 처를 보며
이제야 알았네 그 참뜻을
나도 병든 사람이 되어야 한다는 것
그래야 비로소 돌볼 심상이 된다는 것을

숟가락 하나면 되는데

저녁상을 차린다
무심코 숟가락 2개를 집는다
아! 하나면 되는데
눈물이 왈칵 난다
내 것만 있으면 되는 것이었다

자화상

철썩철썩 달빛이 부딪쳐 온다 하얗게
나는 바다였고 절벽이었고 한 마리의 새였다
바다처럼 온갖 격랑의 주인이었고
미묘함에 겹겹으로 둘러싸인 용암 덩이였다
하늘을 헤집다 회오리치는 은하에 갇혀
어두운 꿈속 외줄기 생명줄 붙잡고 있는 나
파도 소리 피어오르는 해안절벽 쏟아지는 달빛
외로운 소나무 가지 위 잠을 잊은 한 마리 새

* 처와 같이 자주 가던 카페 '60 beans'를 품은 펜션, 바닷가 하얀 집을 다시 찾아 숙박 중, 자다가 깨어 한밤에 정원으로 나오니 높이 솟은 야자수들 사이로 둥근 보름달이 휘영청 떠 있고 환한 달빛에 천만 조각 하얀 파도가 벼랑에 부딪히며 나를 부르고 있었다.

제주를 떠나며

발걸음이 안 떨어진다
길 위에 널린 낙엽들 속
잊지 못할 그림자 솟아올라 내 발을 잡는다
불쑥불쑥 솟는 지난 순간들의 모습들
힘들게 오르던 모습
다 죽어가던 풀잎들을 줍던 모습이

길섶의 벤치가 말을 걸어온다
앉아 있던 이는 지금 어느 곳에 있냐고
슬픔은 이곳에 남겨놓고 가라고
아니 나는 슬픔과 함께 갈 것이요
이곳에는 기쁨만 남겨놓겠다고요

* 처의 마지막 단계를 같이 하며 제주에 머물던 2년 반의 세월을 정리하고 올라왔다.

2부
슬픔은 기쁨이 있었기에

작곡가 황의종을 보내며

하늘이 텅 빈 듯하다 큰 별 하나 사라졌다
무수한 발자국 지상에 남기고 소리 높이며 갔다
온갖 악기들이 우짖는다 쨍그렁 땡그렁 떵그렁
혼돈 속 소리를 잡아 하나하나 길들이던 이
그가 혼돈 속으로 갔다
하늘에 흐른다는 가락을 따라

슬픔은 기쁨이 있었기에

끝없이 흐르는 물소리
흐름을 끊는 바람 소리
가슴을 파고드는 가락 한 마디
먼저 길 떠난 이의 '아름다운 인생길'*
기쁨이 있었기에 슬픔을 잉태한 우리 인생길
저승길 가면서도 깨우침을 주는 사랑의 길
먹구름 사이 한 줄기 석양빛 꿈틀하는 길

---

* 황의종이 작곡하고 몸소 부른 곡의 제목. 이 곡을 30년 전 우연히 방송에서 듣고 갑자기 눈앞이 환해지는 느낌을 받았다. 그러나 왜 그렇게 마음에 와닿는지 알지 못한 채로 그 후 나와 황의종은 평생 동안 교유하는 사이가 되었다. 얼마전 그의 장례식에서 이 노래가 연주되었고 그 연주를 듣는 순간 나는 이 노래 속에서 인생 노정의 기쁨과 슬픔이 교차하며 흐르고 있다는 것, 그래서 그동안 그토록 나의 영혼 속을 파고들었다는 것을 깨닫게 된다.

기쁨과 슬픔은 같이 다닌다

이곳에서도 동이 트면 까치가 깍깍거리고
아스라이 펼쳐지는 산, 산, 산 계곡마다엔
한라산처럼 하얀 안개가 피어나고
바람 역시 일고 산 같은 구름도 밀려오더니
천둥소리 앞세워 요란하게 소낙비 쏟아진다
다시 눈물이 난다
슬픔도 서귀포에서 따라왔나 보다

두두둑 떨어지는 비소리가 얘기한다
기쁨과 슬픔은 원래 같이 다닌다고
무지개는 이들이 허공에 엮어내는 幻影이라며
그래서 아름다운 인생이라고
잠시 살다 가니 더 예술적이라고

* 오포로 이사 왔다. 온통 산으로 둘러싸인 곳이다. 하루 종일 푸른 나무들로 가득한 숲만 보고 있다. 또다시 눈물이 난다. 세상 떠난 이의 목소리가 들려온다. 숲으로 들어간다.

약속

찬 바람이 크게 소리 내며 나를 깨우고
버려진 약속들이 회오리 되어 몰아친다
아직은 살아있으니 약속 지키라고
죽을 날이 멀지 않았으니 서두르라고
별빛이 쏟아져 내린다 칼이 되고 송곳이 되어

인연

바람이 불면 바람에 실려 보내련다
정감은 물론 기억마저 같이 보내련다
이제는 찾지도 부르지도 않으련다
푸른 하늘 흰 구름만 하루 종일 보련다
다른 세상 있다는 것, 그것마저 잊으련다

자비

지리산은 말 없는 어머니
하늘이 울고 땅이 소리쳐도
오직 한 마음 생명을 잇기 위해
온몸으로 자아내는 물줄기
묻지도 따지지도 바라지도 않고 그렇게
오늘도 아랫세상을 적시고 있네

수업 중

울음은 울음을 낳고
웃음은 웃음을 낳으며
화는 더 큰 화를 낳네
평생 이를 몰랐던 나는
지금 수업 중이다
학생이 되어

소통

창문을 연다
맹꽁이 빨래판 긁는 소리 가득
풀벌레 소리도 섞여 들린다
이들은 이렇게 소리로 소통하는데
사람들은 온라인으로 한다
상대방이 보지 않으면 소통은 불가
텔레파시로는 아니 되는가
우주와의 소통은 어떻게 이루어지나
끊임없이 우주에서 파장이 밀려온다는데
절규하면 응답한다는 신
우주 이외에 신은 따로 있는가

정지용의 시 「고향」에 음을 입힌 김희갑
이를 노래한 박인수 이동원
이들은 감정으로 정서로 소통한다

관세음보살

하루를 더 살면
후회할 일 또 하고
하루를 더 살지 않으면
회개할 기회가 없고

매일매일 하루 분씩 회개해도
남은 여생 동안 청산되기 어렵구나

하루 분이라도 지난 세월 지우고 나면
무거운 짐 조금이나마 가벼워 지리

말없이 산에 오르시던 아버지
뒤따라가며 그 까닭 몰라하였는데
이제는 알겠다 그 뜻을

침묵 속에 잠기면
닫힌 우주의 문을 열고
영원과 교통할 수 있다는 것을

오늘 아침은

하늘의 마음이 보인다 하늘의 소리도 보인다
관세음보살

108번뇌

무언가 알았다 싶으면
무언가 문이 열렸다 싶으면
어김없이 찾아오는 먹구름
때로는 폭풍우도 몰려와
어지럽게 나를 몰아친다
차라리 구하지 않았더라면
열려고 하지 않았더라면 없었을
이 고통 이 어지러움은
108번뇌의 몇 번째 단계인가
오늘도 보이는 푸른 하늘 흰 구름

한 뼘의 땅

죽으면 한 뼘의 땅만 필요하다 하더니
제주를 낱낱이 돌아보겠다던 꿈도
단지 내 작은 정원으로 줄어들고
그곳에서 작은 새들이 짹짹거리고 있었다
나하고 친구하자며

새벽 안개

새벽 안개 피어오르는 산야
한 조각 소리도 하지 않지만
만 마디의 이야기 들려오는 곳
공포와 경외 추움과 따스함이 병존하는 곳
하늘은 열리고 검은 구름은 몰려오고
한 마리 새 영이 되어 스쳐 지나가네

단풍

간밤에 찬 바람에 붉은 옷 갈아입은 화살나무
화살처럼 날아 밤 사이 멀리도 갔구나
꼬리라도 잡고 있으면 저승도 잠깐이려나
눈 한번 감았다 뜨고 보니 서산 마루 붉게 물들었네

부활의 의미

다시 올까 했던 봄을 또 맞는다
사람들은 공원으로 모여들고
유채꽃밭엔 꿩이 서성이는데
벌들의 윙윙 소린 들리지 않네
떠나 버렸나 보다 뒤돌아보지 않고
떠나고 세상을 버리고 해야 하나 보다
그것이 부활의 전제 조건이구나

부활절 축하 카드를 받고

봄꽃들은 피어나고 새들은 울어대지만
내 마음속 우물에 핀 꽃은 시들어가고
부활절 위로 편지 영원을 얘기하지만
가는 걸음 멈출 길 없으니 애만 끓어오르네
새들은 걱정스레 울고 구름 위에 또 구름

떠나야 한다

숲속 화살나무는 예년처럼 붉게 물들었고
나부끼는 억새풀꽃 다시금 가슴을 조여오는데
나는 이제 떠나야 한다 구름 위 흩어진 그림을 찾아

놓아주기

내 작은 정원의 단풍잎이 찬연히 붉어지면 겨울이 시작되는 것이며
붉은 동백꽃 숫자가 눈에 띄게 늘어나면 겨울이 깊어지는 것이고
먼나무의 붉은 열매가 내 시야를 덮으면 크리스마스가 가까워오는 것이다

먼바다가 하얗게 일어나면 기억의 나래가 나를 부르는 것이어서
나는 오늘 그 바다에 나아가 파도와 바람에 내 마음을 맡겨
그 얽히고설킨 기억들의 오랏줄을 풀어주려 한다

가지고 있는 것이 기억하는 것이 내 책임을 다하는 것인 줄 알았는데
이제는 놓아주자 훨훨 날아가게 그 곶자왈*의 기억들을
나에게 붙잡혔던 그 인연들이 파도 따라 바람 따라 구름처럼 흘러가게

* 곶자왈 : 제주도 원시림의 다른 이름, 얽히고설킨 나무뿌리, 넝쿨 등을 상징함

당랑거철

올레길 7길 좁은 벼랑 가 숲길 한곳에서
사마귀 한 마리가 커다란 새와 대결하고 있었다
몸을 부풀려 잔뜩 위엄을 보임이 사뭇 당당하다
죽느냐 사느냐의 싸움에서 허장성세를 택한 사마귀
장판교 위 장비 장군이 되었네

친구 부부가 오다

마른 하늘 번개인 양 왔다 갔다 친구가
바다를 건너뛰고 산을 넘어 유배 온 죄인 찾아

사람이 그리우면 찾아와 말소리에 귀 기울이던 곳
파도 소리 스며드는 바닷가 절벽 위 전망대
셋이 앉고 한 명은 비스듬이 누워
차 한 잔의 정이 강이 되어 흐르던 그곳 그 시간
바다는 더욱 푸르게 노래하고 석양은 따사로웠다

겨울바람

바람에 실려오는 그리움에 대한 기대도
속삭이던 살가움도 다 추억이 된 노랫말
금년 겨울바람은 오직 한 가지
추운 북극이 있었음을 상기시키네
무엇인가 일을 낼 것 같은 불안감
모든 것을 얼어붙게 할 듯하다
겨울바람 피해 피난 온 이곳마저

억새풀의 노래

왜 억새밭에 눕고 싶었는지
왜 억새풀을 보며 선친을 떠올렸는지
이제는 알았다 그 이유를
바람이 불면 비록 나부끼겠지만
어느 때도 굽히지 않는 꼿꼿한 기개
순진무구한 푸른 하늘에 모든 것 들어내고
오직 사랑으로 섬기던 허허로움
그래서 만공의 광휘가 잔잔히 흐르고
자비로운 속삭임이 들려오는 억새밭 속
아버지의 영 속에 잠들고 싶었던 것이다

변화

동백잎들이 생명력을 뿜어내고 머위가 노란 꽃들을 피워내면
겨울이 가까이 온 것이다
억새풀꽃이 푸른 하늘에 하얗게 줄무늬 만들고
가시나무의 잘디잔 흰 꽃송이들이 눈에 띄기 시작하면
가을이 깊은 것이다
세상이 나더러 잘했다 잘했다 할 때에는
나락으로 떨어질 위험이 커지는 것이다

오포 골짜기에서

별도 매미도 새들도 나비도 찾아오고
장엄함이 장대하게 펼쳐지는 하늘이 있는 곳
재잘거리는 아이들이 무슨 일이든 벌이며
젊은 부부들이 갓난아기들 수레에 태워 산책하는 곳
오늘은 친구마저 찾아와 도란도란 이야기하고
매일매일 다른 그림이 눈앞에 펼쳐지는 이곳
내일은 또 무슨 그림이 있어 경탄을 불러오려나
공부하는 도장 경배하는 제단 이곳 이곳 이곳

매화꽃 하늘의 별이 되어

비 지나간 정원엔 매화 향이 가득
놀란 수선화도 잠에서 깨어 피어나고
동백꽃들은 대지를 붉게 장식하는데
하늘의 별이 된 흩뿌려진 하얀 매화꽃
저세상 가는 길 미리 보여 주는 듯
갈 때가 되었다는 친구, 그 친구를 위해
사진 한 장 찍어 어둠 속 길 안내도 만들어 주자

* 만학 선생이 열반송이 연상되는 시 한 수를 보내왔기에 내 정원에 피어난 매화 사진 한 장을 답으로 보내 주었다.

앞산이 사라졌다

안개가 자욱해 앞산이 사라졌다
살아남은 독도의 물개 대왕
커다랗게 입 벌리고 보호막을 치나 보다
보호막을 믿었는지 마구마구 피어나는 개망초 개망초
그 무리 속에 개구리 한 마리 개골개골
먹을 것 찾던 들개 한 마리 살그머니 다가오니
새끼 품던 개꿩 놀라서 푸드득 날아오르고
개개비 요란하게 지저귀니 안개가 다 걷히네

무도회

미친 바람이 파도처럼 너울거린다
이 구석 저 구석 모두 찾아다니며
피와 땀의 역사를 넝마 조각으로 만들고 있다

이곳저곳 가리지 않고 암덩이를 심는다
시민들의 아우성은 허공으로 흐르고
항의하는 절규는 막아버린 귀 곁을 스쳐간다

시대를 퇴행시키고 시민을 부끄럽게 하며
권력에 취한 정객들이 망나니 춤을 춘다
내일 눈 뜨면 사라질 악몽이기를

푸른 하늘 흰 구름

무심이 아니었다 공허한 천공이 아니었어
사랑으로 가득 찬 생명의 공간이었어
한없이 부드러운 창공, 피어나는 흰 구름
하늘은 매일 나에게 사랑을 얘기하고 있었는데
나는 그저 무심에 매달려 듣지 못하였구나

3부

없는 가시가
나를 쿡쿡 찌릅니다

이중섭 시비

시비가 하나 서 있었다 70리 시비 길에
이중섭을 노래하는 그 시비에는
두 아들을 마구간에서 낳았다고
한 구절 크게 쓰여 있었다

그러면서도 그림만 그렸구나
그토록 그리고 싶었구나
그릴 수밖에 없었구나

돌연 영상들이 떠오른다
사랑하기에 떠나야 했던 부인이
그리움과 외로움으로 불꽃을 태우던 화가가
평생을 그리워했던 두 사람이

없는 가시가 나를 쿡쿡 찌릅니다

절로 눈물이 흐릅니다 주르륵주르륵
끝 모를 깊이를 그려낸 그림 한 점 앞에서
창작의 고통을, 창조주의 고뇌를 보았습니다
가시 면류관의 가시들이 합창하듯 나를 찾는 것을
그 아픔 하나하나가 나를 부르는 것을 느꼈습니다
하나하나 자세히 보면 그림에는 가시가 없었는데
없는 가시가 나를 쿡쿡 찌르고 있었습니다
성스러움이 무한히 나를 깊이깊이 에워싸며
품 안에 안아 들이고 있었습니다
마지막으로 마지막으로 너를 찾는다 하셨습니다

나는 이제 다 벗으려 합니다
고통도 사랑도 고뇌도 유한도 무한도
오래도록 찾던 당신의 모습을 보았기 때문입니다

* 2024. 9. 6. 무역센터 '2024 kiaf' 전시회, 강현애 작가의 그림 앞에서

박광익의 그림 앞에서

고뇌가 보인다
깨달음이 보인다
제주의 풍광을 마음으로 품고
가슴을 쥐어 뜯으며
숨겨진 眞體를 찾아 하얗게 세운 날들
그날들의 언덕을 넘어 도착한
저편의 고향 샹그릴라

나도 나래를 편다
풍랑 이는 思考의 바다를 건넌다
샹그릴라를 찾아

* 2021.1. 제주도립미술관에서

비극의 탄생

　『문명의 충돌』의 마지막 부분을 다 읽고 니체의 『비극의 탄생』 서문을 읽어냈는데도 내 창에 떠 있던 보름달은 그 자리에 있었다 마치 시간이 머물러 버린 것 같이

　내 서재 창가 보름달은 한곳에 머물러 있는데
　내 심장은 뛰고 생각은 정처 없이 떠돈다
　시간이 멈추어도 지구에 종말이 와도
　내 영혼은 홀로 공간 속을 떠돌 모양이다
　활시위를 당긴다 화살도 없이
　멀어만 지는 달 붙잡으려고
　시위를 당긴다 화살 대신 마음을 실어
　달그림자라도 붙잡고 싶어

갈등과 평화

　화가의 가슴속 뜨겁게 흐르는 용암의 물결을 바라봅
니다
　그 물결 따라 노오란 꽃들이
　억척스럽게도 피어나고 있음을 봅니다
　쿼바디스 도미네
　하늘 끝자락 암흑천지 블랙홀로 가는 길입니까
　땅끝 벼랑에서
　새로운 비상 빅뱅을 준비하는 길입니까

지난 세월을 반추하다

그립다 그 세월, 새벽종 울리던 시절
종 울리면 일어나 앞마당 쓸고 동네 쓸고
마음마저 깨끗이 하던 시절
일하고 노래하고 희망이 가득했던 시절

노래는 사라지고 새벽부터 더 달라는 함성만 가득
아무 곳이나 버리고 버린 것을 세금으로 줍는 오늘
그래도 새벽에 일어나는 우리 시절 노인이 있어
버린 것이라도 줍고 슬픔은 안으로 갈무리하는데
노인마저 사라지면 젊은이들은 나 몰라라 도리질할 걸

쓰레기와 사람들의 하품 소리 가득하고
버려진 반려견들이 이리떼처럼 몰려다니며
무료 급식소 앞엔 기다란 힘 없는 군상이 늘어설
미래가 보인다 슬픈 미래가

세태

때맞춰 찾아온 계절풍이던가
회오리치는 두 열기가 만나 솟아오른 회돌이었나
마구 두들기고 부수어버린 먹구름 태풍이 지나간 자리
쓰러지고 부러진 나무들이 막고 있는 산책로
바람은 바람일 뿐 이 역시 지나가리
루비콘강을 건넜을 때 시저에게는 앞만 보였지

세상이 보기 싫고 보여주기도 싫어
스스로 친 울타리에 자신을 가두고
산은 산이고 물은 물이다 주장하던 이들
그래야만 숨 쉴 수 있었던 사람들
부러지고 쓰러진 나무들 시신 앞에 서서
백이 숙제 죽림 칠현! 그들이 떠 오른다

혼돈 속

책을 읽어도 무엇을 읽었는지 모르겠고
그림을 그려도 앞이 보이지 않아
배낭 메고 길을 나서니 갈 곳이 없네
고니의 날갯짓에서 자유를 보자 강에 갔는데
남한강은 찬란히 빛나건만 고니는 흔적도 없어
기다려도 소식 없는 님 목메어 부르다 돌아오네

만나고 이별하고

범섬 뒤에서 배 한 척 나오더니 이내 멀어져 간다
이별할 때는 뒤도 안 돌아보고 가는 것인가 보다
또 한 척 나타나더니 역시 서둘러 멀어져 간다
사랑도 떠날 때는 뒤돌아봄 없이 멀어지는가 보다
또 한 척 나타났다 역시 앞의 배들처럼 멀어져 간다
간 사랑 보내고 오는 사랑 맞고 떠나면 또 그저 보내고
그렇게 한평생 가는가 보다
그렇게 석양은 찾아오는가 보다

겨울이 가까이 찾아와

누런 강아지풀들 사이사이 빨간 고추잠자리
푸른 하늘 흰 구름 반짝임이 더해진 동백 나뭇잎
겨울이 오면 떠나갔던 친구들이 찾아오겠지
긴 장마 찌던 더위로 무너진 이들도 다시 회복되겠지

4부

물소리
바람 소리

씨에스 호텔에서 해변을 내려다보다

하나같이 바위들은 빛을 내고 있었다
천년의 修道가 만년의 인내가 은은한 광휘가 되어
무릎을 꿇어라 두 손을 모아라 얘기한다

법환 바닷가 용암들은 에리함이 칼 같더니
중문 해변의 바위들은 둥글둥글 따사롭기만 하다
서로 같지 않으려는 몸부림 수많은 새로운 시도
자연의 속성, 나는 자연의 소생, 오! 몸부림이여

악근천과 바다가 만나는 곳

바다로 밀고 나온 용암류가 굳어진 곳
파도가 하얗게 솟구치는 곳 바위 끝머리
오불관언 위태롭게 서서 낚시하는 사람

바다로 들어가는 악근천 용암 무리 한 곳
경쟁자와 다투어 좋은 자리 차지한 백로
오로지 작은 폭포 속 은어 낚을 생각뿐

사람이나 새 모두 고기만 보이나 보다
세상은 고기다 낚을 것들만 존재한다

옛 프린스 호텔 정원에서

바다에서 솟아올랐다는 해안 절벽
신선 세계인 양 티끌 하나 없이 투명한 경관
꿈틀거리는 용이 되어 승천하는 거목들
20년 만에 찾아온 나를 고요함으로 맞는다

한 여인이 벤치에서 일어나 움직인다
마치 그림자가 움직이는 듯 섬뜩하다
종소리에 이끌려 찾았던 산토리니의 교회
그 교회의 적막을 더 깊게 하던 검은 옷 여인
그 여인의 영이 이곳에 옮겨왔나 보다

애통함이 있어 잊어야 할 일이 있어
신경과 샅바싸움을 할 일이 있어
고요한 숲 적막을 불러오는 파도
그 속에서 영혼을 분리하던 이가
적막을 깨는 나를 원망하게 일어난다
오늘 나는 본의 아니게 죄를 지었다
하루를 더 살았기에

말라버린 저류지에서

백로들이 찾아오던 저류지
말라버린 바닥 왜가리 한 마리
화석처럼 서 있다
사라진 물 돌아올 때 기다리며
시간과 경쟁하나 보다

헤어진 님 차마 오리라 기다리나
기다리면 물도 님도 올 터이니
그렇게 하리라 나도 기다리리라
왜가리처럼 시간과 경쟁하리라

돈내코 계곡에서

하늘에서 여행 왔나 돈내코 계곡의 바위들
우레소리 속 태평소 가락 가늘게 스며든다
창조 후의 웃음과 평화, 고요함이 깃들어
소리 한마디 내지 못하고 옷깃 여미는 곳
푸드득 파랑새 한 마리 날아오른다

먼나무

멀리서 왔다고 멀리에서도 잘 보인다 해서 먼나무
무슨 나무이기에 열매가 꽃보다 예뻐 그래서 먼나무
겨우내 크리스마스를 느끼게 하는 가로수, 먼나무
잎은 다 떨어져도 빨갛게 웃음 짓는 겨울 속 먼나무
천제연 폭포 입구, 하늘 가는 길 안내하는 먼나무
숨결 소리 들린다 하늘의 숨결이, 맥박이, 손길이
하늘길 벗해줄 나의 먼나무 친구여

소한 속 피어난 매화 앞에서

밥은커녕 한 숟가락 물도 흘리기만 하는 이
죽음을 향한 초침은 쉬지 않고 흐르는데
돌연 스며드는 매화 향기 한 가닥
소한의 추위에도 피어난 하얀 봄의 전령들
만년 설산에만 피어난다는 기사회생 영약인가
저승으로 가는 사람 전송하는 염불 향인가
매화는 그저 매화이고 생은 생이고 죽음은 죽음인가
오늘도 동녘 하늘은 붉게 물들어가고 있다

꽃댕강나무

댕강 떨어지고 나면 언제 피었었나 다 잊는 나무
지는 것이 아니고 떨어뜨리는 꽃, 미련이 없다
무슨 사연 있어 이처럼 칼같이 절교하는가
어제는 없다 미래도 없다 털어버린 오늘만 있을 뿐
기억도 없다 기쁨도 슬픔도 없다 만난 적도 없다
푸른 하늘 흰 구름 흘러가는 바람 파도치는 소리

작은 정원에서 큰 것을 보다

자비의 광휘가 감도는 제주의 작은 정원
동백꽃 그윽한 향기가 기둥 되어 머물고
먼나무의 붉은 열매들이 꽃인 양 손짓하며
할 일 다 한 억새풀 꽃들이 한가로이 미소 짓는 곳

시간은 마구 흘러 올해도 크리스마스가 지나가는데
시간은 흐르지 않는다 이야기하는 야자수들도 있고
휠체어를 탄 이도, 밀고 있는 나도 받아주며
빙긋이 웃는 하늘, 그 하늘도 있는 나의 작은 정원

하늘은 항상 내 곁에 있었다 내가 몰랐을 뿐

* 제주에 온 지 2년 동안 찾지 않던 곳, 작은 정원이 단지 내에 있었다. 그곳에는 작지만, 제주가 축소되어 숨 쉬고 있었고 하늘의 미소가 감돌고 있었다.

남보다 먼저

아직 미명, 새 한 마리 지저귄다
남보다 먼저 일어 기쁨을 주며
생의 책임을 다하기 위해서인가

겨울에 피어나는 동백도 매화도
이른 봄 솟아오르는 수선화 돌단풍도
남들보다 먼저 봄을 알리는 복숭아 꽃도
모두모두 나름의 책임을 다하는구나

산굼부리 오르며

그것은 내 상상 속 그림이었다
세상 모든 다툼이 부질없음을
조화로움이 바로 아름다움임을
그것이 사는 모습이어야 함을

산굼부리 오르며 뒤돌아본 내 눈에
우연히 비친 먼 오름들의 모습
모든 어지러움이 잦아드는 마음의 고향
천국의 그림자 지상에 어리었구나

바위 옆을 지나며

오늘 따라 말을 걸어온다 1년 넘게 침묵하던 바위가

나는 오래전 옛날 어느 바닷가에 놓여져 있었어
주변엔 바람과 파도뿐이었지
내 친구는 시간이었어

우리는 계약을 했어
내 몸을 내주는 계약이었어
친구였기에 그러마 했지
조금씩 조금씩 가져가는 줄 알았는데
어느 날 보니 몸이 이곳저곳 움푹 파여 있었던 거야
심장 가까이까지 왔었나 봐

움푹 들어간 곳은 아픔의 흔적이고
튀어나온 곳은 상처가 아문 기억이라고
상흔에도 미소 짓는 것은 이제는 평화롭기에
평화란 원래 아픔과 상처 속에 태어나는 것
그것을 알았기에 이제 잔잔히 웃는다고 말한다
바위야 이제 너를 알겠다, 나도 누군인지 알겠다

낙엽 내리는 소리

봄비 내리는 소리인가 했는데
가슴에 내리는 낙엽 지는 소리
시간도 공간도 나도 사라져 가는데
정밀, 비어 있으나 가득 찬 정밀
우주의 문, 열릴 듯 열리지 않는데
잠깐의 열림은 순간의 幻影이었지

* 2024. 12. 항주의 수목원에서

기둥 기둥마다 시가 흐른다

강 위 둥근 달이 소동파를 찾는다
서호가 반짝이며 소리를 낸다
동파육의 동파가 소동파의 동파였고
천 년 전 다리들도 동파의 노래를 한다

호수에 누운 고목 가지들 사이사이
조각난 달빛에 금 잉어가 튀어 오른다
집집 기둥 기둥마다 시가 흐른다
동파의 시가 내 가슴속 시가

김영수 제4시집

새 한 마리 날아오르다

초판발행일 2025년 3월 24일

지은이 : 김영수
발행인 : 김순진
편집장 : 전하라
디자인 : 김초롱
펴낸곳 : 도서출판 문학공원
등 록 : 2004년 3월 9일 제6-706호
주 소 : (우편번호 03382) 서울 은평구 통일로 633
　　　　녹번오피스텔 501호 스토리문학사
전 화 : 02-2234-1666
팩 스 : 02-2236-1666
홈페이지 : https://blog.naver.com/ksj5562
이메일 : 4615562@hanmail.net

※ 책값은 뒤표지에 있습니다.
※ 저자와의 협의에 의해, 인지는 생략합니다.